GURLITT
SIX SONATINAS Opus 54

Willard A. Palmer, *Editor*

CONTENTS

Sonatina 1 2

Sonatina 2 11

Sonatina 3 18

Sonatina 4 24

Sonatina 5 30

Sonatina 6 39

© Copyright MCMLXXII by Alfred Publishing Co., Inc.
All rights reserved.   Printed in USA.

Sonatina 1

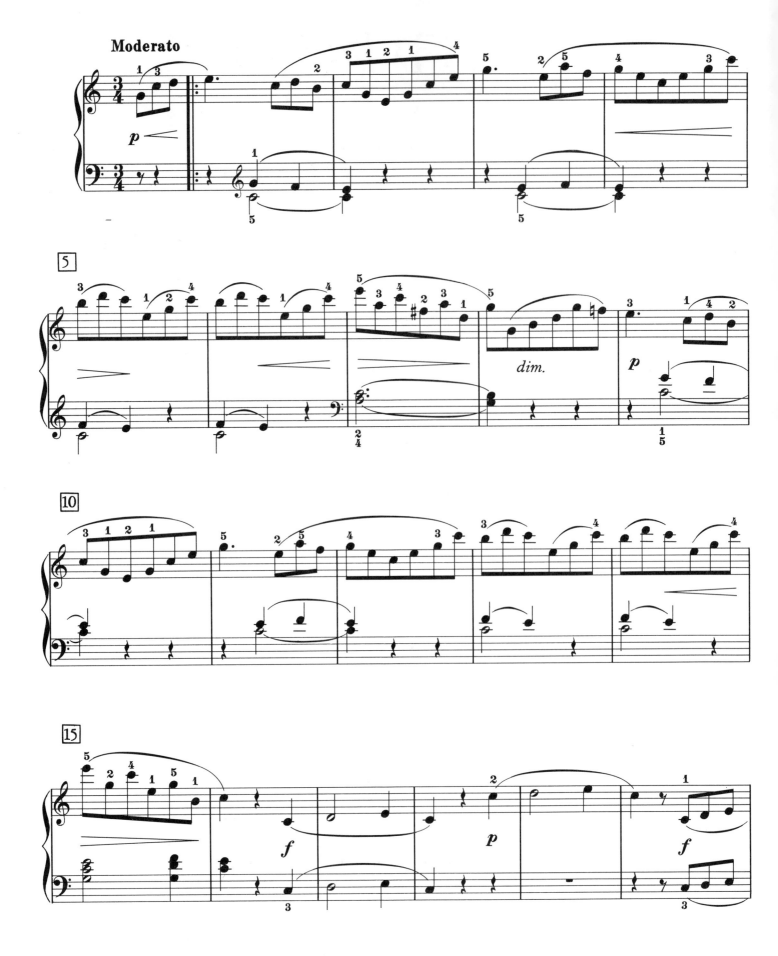

Sonatina 2

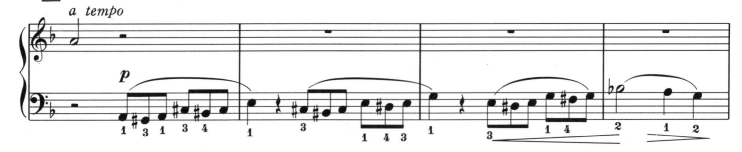

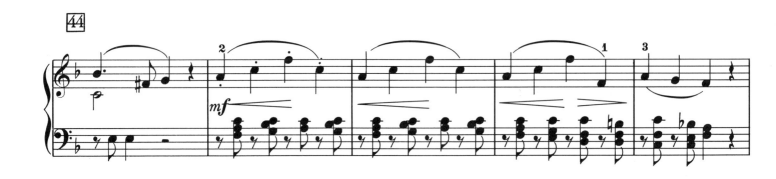

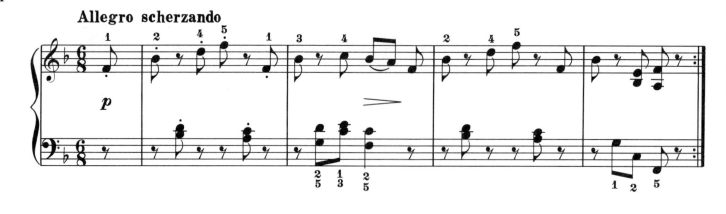
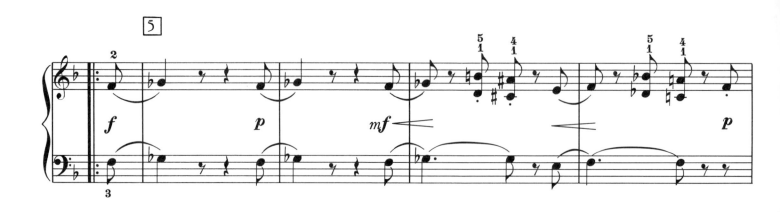

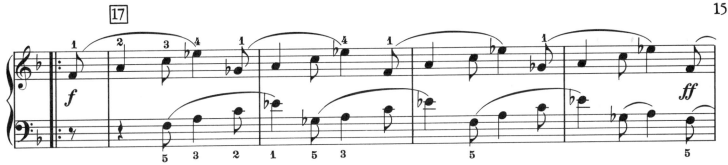

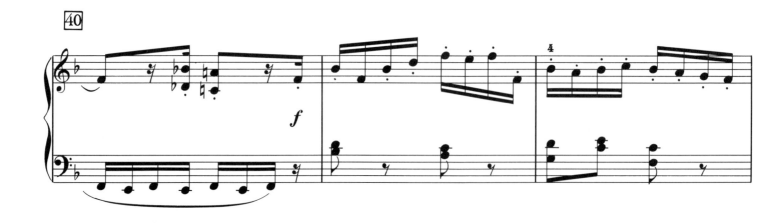

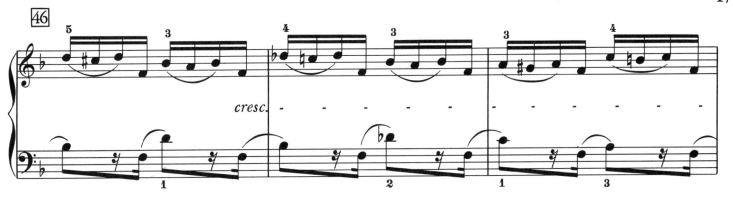

Sonatina 3

Allegretto con spirito

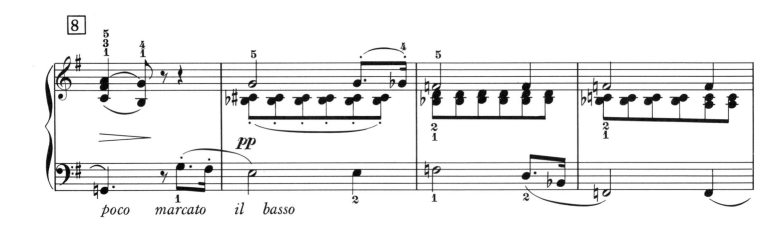
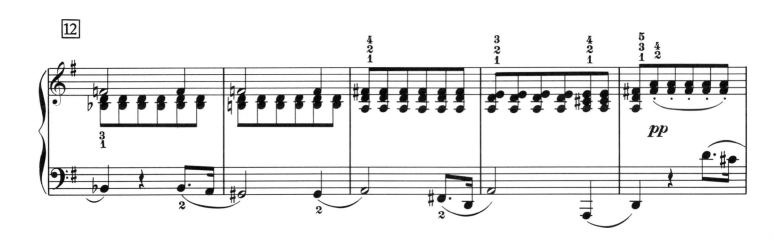

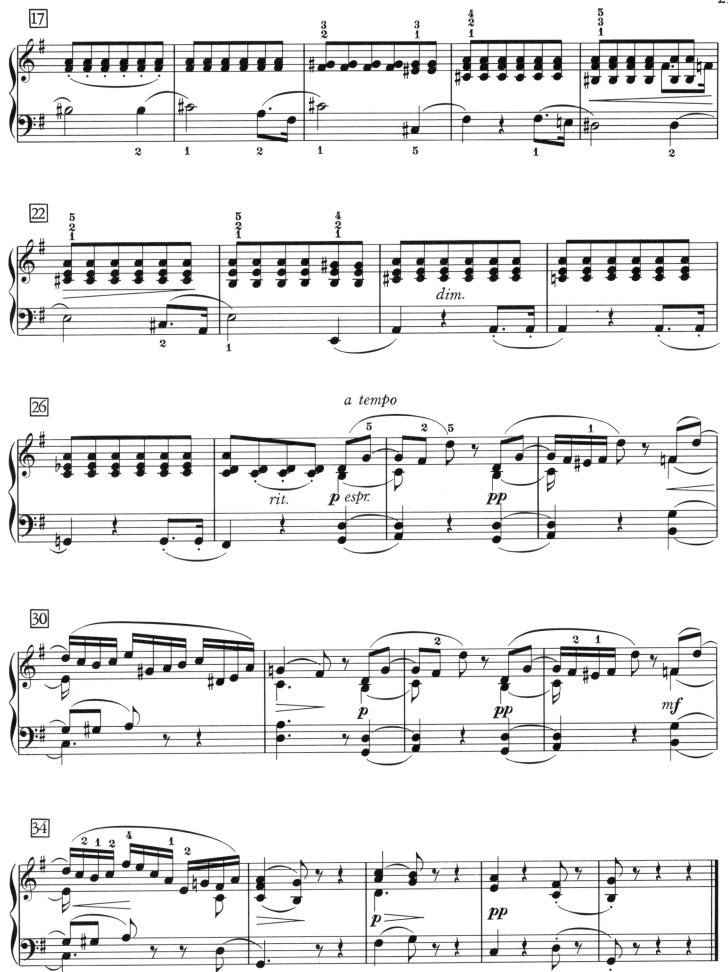

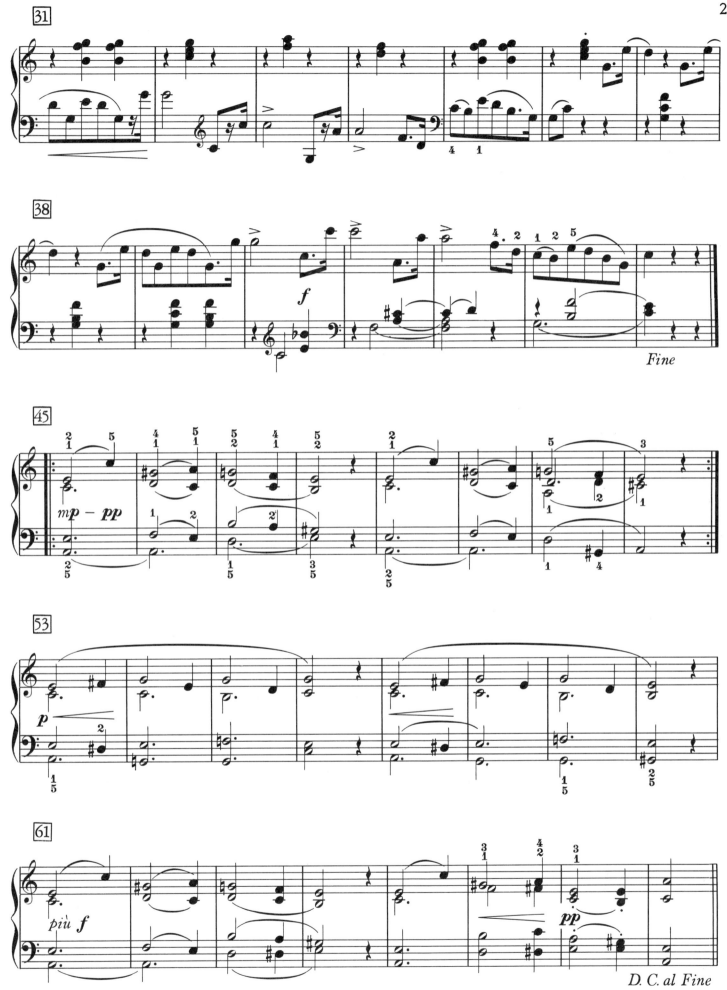

Sonatina 4

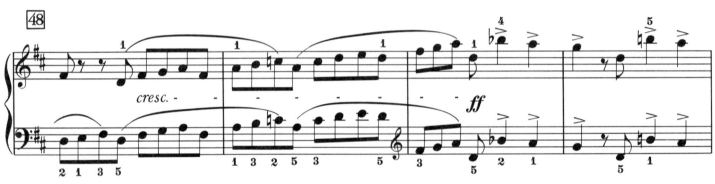

SONATINA 5

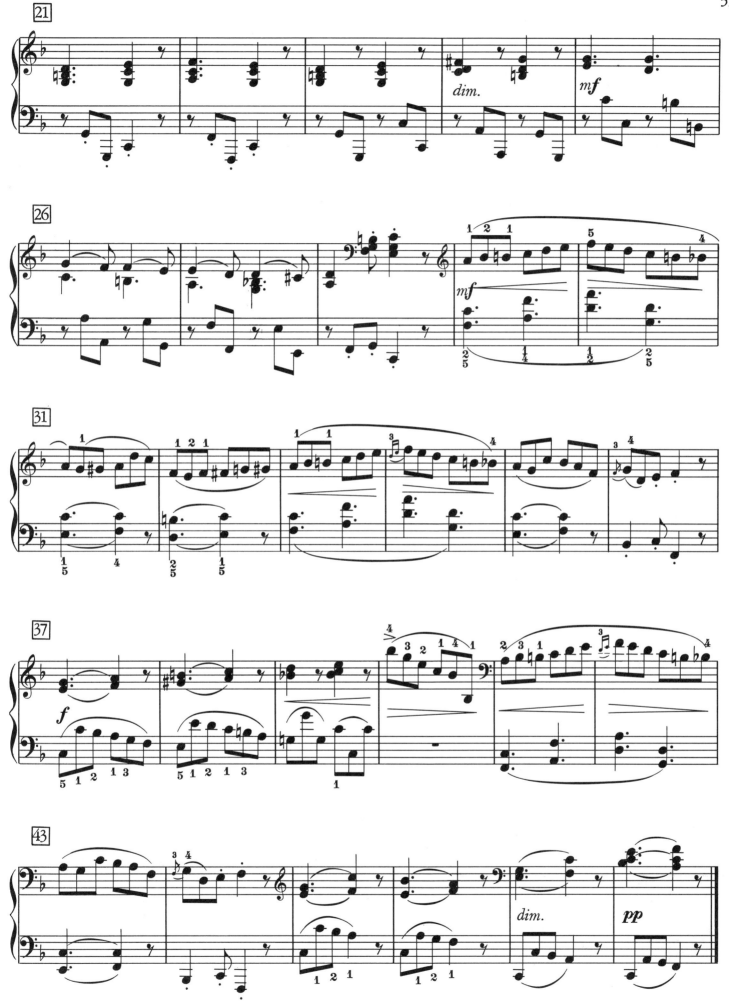

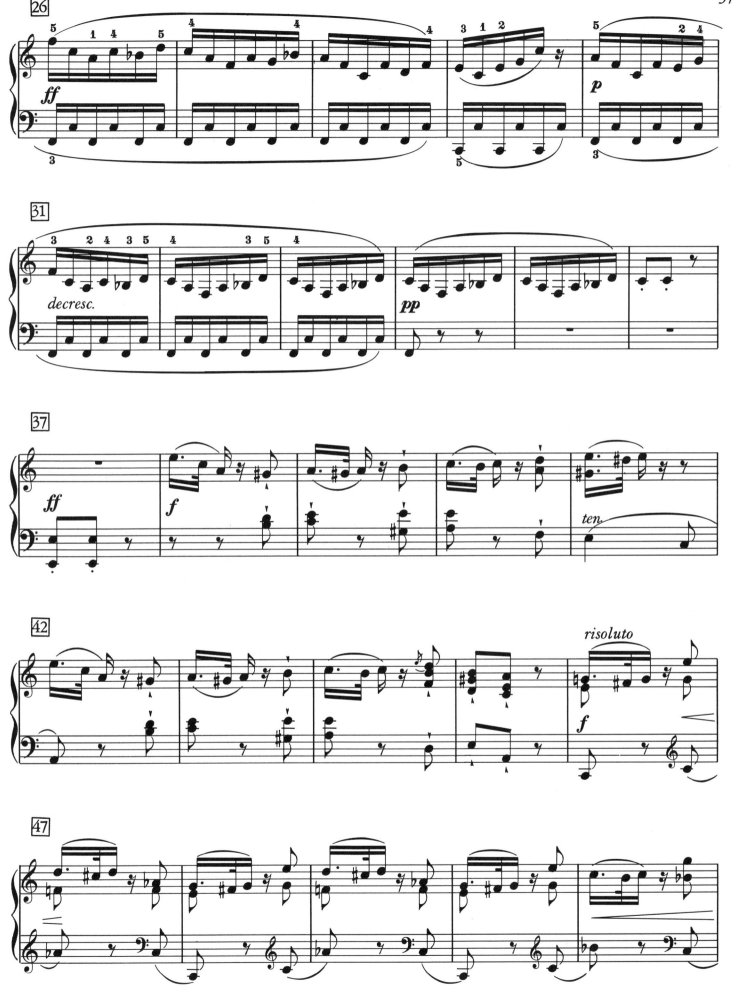

Sonatina 6

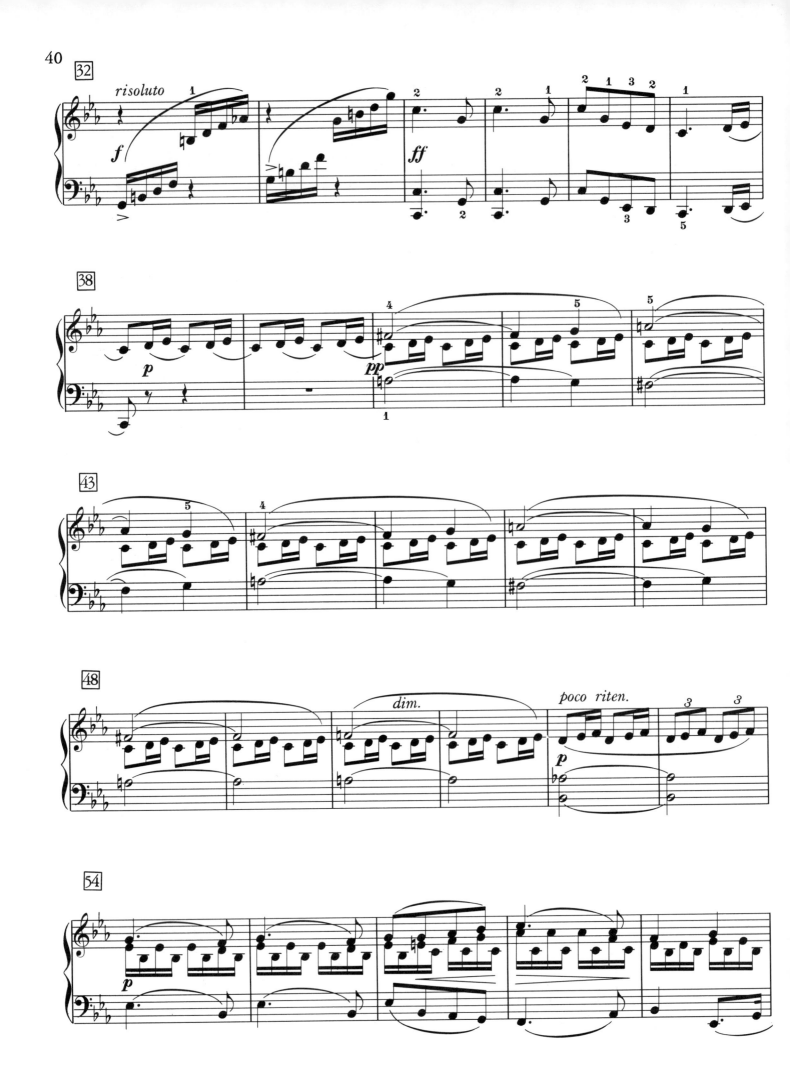

42

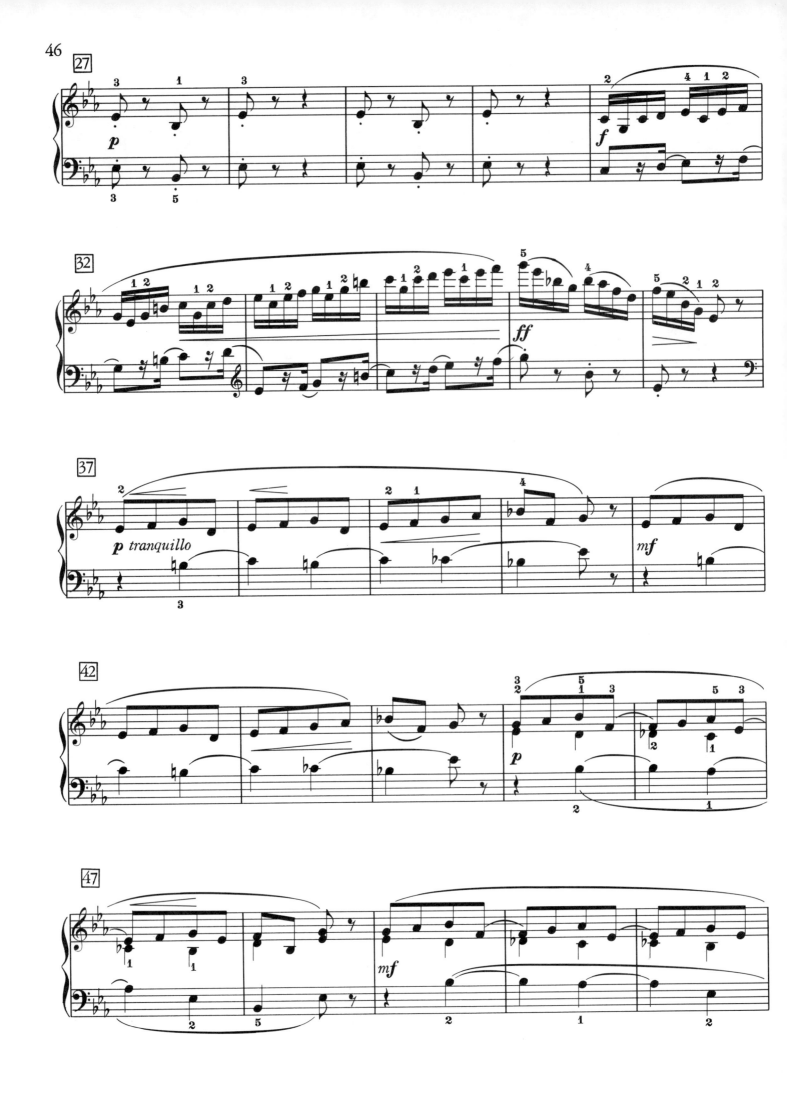

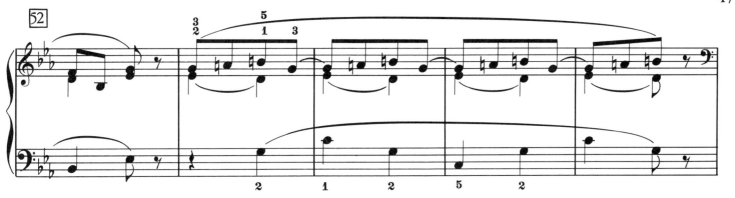
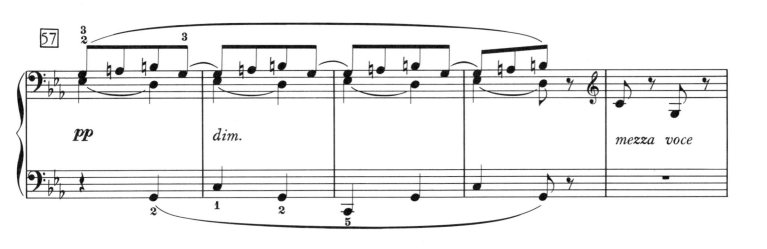
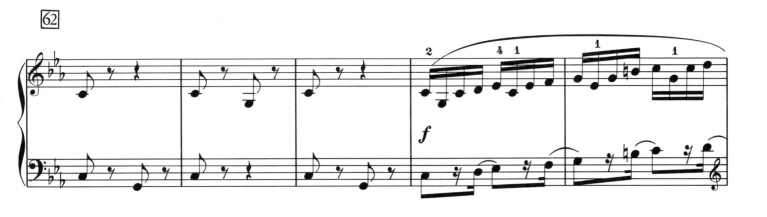